PASCAL

ELOGIO DO EFÊMERO

Ben Rogers

PASCAL
ELOGIO DO EFÊMERO

Tradução
Luiz Felipe Pondé

Editora UNESP

Título original em inglês: Pascal. In Praise of Vanity,
publicado em 1998 pela Phoenix, uma divisão
da Orion Publishing Group Ltd.

Praça da Sé, 108
01001-900 – São Paulo – SP
Tel.: (0xx11) 232-7171
Fax: (0xx11) 232-7172
www.editora.unesp.br
www.livrariaunesp.com.br
feu@editora.unesp.br

Dados Internacionais de Catalogação na Publicação (CIP)
(Câmara Brasileira do Livro, SP, Brasil)

Rogers, Ben
Pascal: elogio do efêmero / Ben Rogers; tradução de Luiz Felipe Pondé. – São Paulo: Editora Unesp, 2001. – (Coleção grandes filósofos)

Título original: Pascal. In Praise of Vanity
ISBN 85-7139-320-6

1. Filosofia francesa 2. Pascal, Blaise, 1623-1662
I. Título. II. Série

00-3158 CDD 194

Índices para catálogo sistemático:
1. Filosofia francesa 194
2. Filosófos franceses: Biografia e obra 194
3. França: Filosofia 194

Editora afiliada:

Asociación de Editoriales Universitarias de América Latina y el Caribe

Associação Brasileira de Editoras Universitárias

SUMÁRIO

Introdução 9

Pascal e *As pensées* 11

A dialética de Pascal 17

O povo e os filósofos 27

O efêmero da ordem política 31

O efêmero do *divertissement* 37

"O povo não é tão vão quanto se diz" 41

O elogio da justiça humana 47

O elogio do *divertissement* 57

"Uma reversão constante do pró ao contra" 63

O Elogio do Efêmero[1]

1 O termo em inglês *vanity* nos remete àquilo que é "efêmero", "vão", à "vaidade". Assim sendo, os três sentidos se misturam e os empregaremos conforme o contexto. Chamamos a atenção para o fato de que, quando empregarmos um dos sentidos, os outros deverão permanecer no horizonte do leitor. (N. T.)

INTRODUÇÃO

> Os homens são tão necessariamente loucos que seria ser louco, de uma outra forma de loucura, não ser louco.
>
> Pascal, *Pensées*, 412[2]

O objeto deste ensaio é a obra-prima de Blaise Pascal, as *Pensées*.[3] Mais particularmente, o objeto é um único aspecto desta obra, a saber, a (irônica) defesa pascaliana da loucura popular[4] –

2 As citações do texto pascaliano "Pensées" serão traduzidas diretamente do original francês, edição Louis Lafuma, Pascal, *Oeuvres complètes*, Paris: l'Intégrale/Seuil, 1963; a numeração de cada fragmento foi dada pelo organizador da edição, Louis Lafuma. (N. T.)

3 *Pensamentos*, no original francês. É importante lembrar que o título em francês *Les pensées* é do gênero feminino; no inglês tal fato não implica nenhuma decisão quanto à tradução, pois se trata de um termo neutro, daí o artigo definido neutro *the*; em português, a tradução mais fiel, já que o autor faz uso do título no original francês, é "as *Pensées*". (N. T.)

4 Os termos *people* e *popular* do original em inglês também demandam uma certa elaboração no que se refere à tradução para o português: *people* pode ser compreendido tanto como "povo" quanto "as pessoas (comuns)"; *popular* pode ser tanto "aquilo que é do povo" quanto "aquilo que é oposto a erudito ou clássico"; da mesma forma, *vulgar* em inglês necessariamente não nos remete ao uso pejorativo de "vulgar" como desprovido de "classe" ou "elegância", mas simplesmente como "aquilo que é do povo"; semelhante problemática se apresenta com o termo *crowd*, largamente utilizado pelo autor, que, apesar de ter atualmente um sentido comum de "massa"– conceito ligado à indústria cultural –, parece-nos mais bem traduzido, levando-se em conta o período em que escreve Pascal, século XVII, como "multidão", "o povo", "os não diferenciados intelectualmente" ou simplesmente "muita gente"; a tradução, em todos os casos aqui tratados, foi feita de acordo com o contexto de cada trecho. (N. T.)

sua tentativa de mostrar que as pessoas comuns, sem educação filosófica, não são tão desarrazoadas como os filósofos tradicionalmente gostam de afirmar. O argumento pascaliano de que "as pessoas comuns não são assim tão vãs[5] como se pensa" tem sido muito negligenciado por seus leitores, pelo menos fora da França. Uma vez trazido à luz, ele nos leva, não somente a uma apreciação mais completa das *Pensées*, mas também a um melhor entendimento do significado de Pascal como um penetrante e subversivo crítico da tradição filosófica.

5 Outra vez vemos o problema do termo *vanity* e seus derivados, como o adjetivo *vain*; ver nota 1. (N. T.)

PASCAL E AS *PENSÉES*

Blaise Pascal é lembrado por muitas razões. Ele é admirado como uma das principais figuras da revolução científica do século XVII , cujo trabalho revela uma notável combinação de genialidade teórica e senso prático. É lido como o autor de uma polêmica obra-prima, *Cartas provinciais*, um violento ataque à corrupta teologia e moral relaxada dos jesuítas e seus aliados na Igreja Católica. Ele é lembrado pelos católicos (ou por aqueles que não se tornaram antipáticos a ele em virtude de seus ataques aos jesuítas) como o autor de uma série de sensíveis cartas de direção espiritual e o instigador de uma série de iniciativas de caridade, incluindo a fundação do primeiro serviço de transporte público de Paris – "carruagem a 5 moedas". Acima de tudo, entretanto, ele é identificado como o autor de uma coleção de fragmentos filosóficos e religiosos publicada postumamente, as *Pensées*.

Nascido em Auvergne em 1623, Blaise Pascal foi educado por seu pai Etienne[6] – e ainda cedo revelou sinais de sua genialidade. Quando a família de Pascal se mudou para Paris em 1631, o pai de Pascal, com o jovem Pascal ao seu lado, adentrou um círculo de importantes filósofos e cientistas que rodeavam o padre Mersenne – o círculo incluía Gassendi, Hobbes (residente na França nessa época) e, mais distante, Descartes (residente na Holanda nessa época). Quando tinha 16 anos, Pascal se mudou com a família para a Normandia, e foi lá, em

6 O pai de Pascal era um *magistrate*, isto é, alguém que exercia a função de juiz para pequenas causas, além de um reconhecido matemático.

Rouen, que sua carreira científica decolou. Trabalhando primeiro com a geometria dos cones, Pascal então projetou e fabricou uma máquina de calcular – *la pascaline*. Mas foram suas experiências, demonstrando a existência do vácuo, e um trabalho sobre pressão atmosférica, relacionado ao trabalho sobre o vácuo, que fizeram seu nome se tornar conhecido.

Todavia, esse período foi também importante por uma outra razão. Em 1646, toda a família Pascal foi convertida por alguns simpatizantes locais do convento de Port-Royal para uma forma bastante austera de cristianismo. Não há aqui qualquer necessidade de adentrar a história de Port-Royal. Basta dizer que, a partir de 1630, o convento de Port-Royal, nas redondezas de Paris, havia se tornado um centro do movimento do agostinismo católico francês. Os católicos agostinianos definiam a si mesmos contra as visões otimistas dos jesuítas, assim como contra seu extremo oposto, a posição protestante, e de acordo com o que eles tomavam como o ensinamento de Santo Agostinho, enfatizavam a fraqueza e corrupção do homem e sua necessidade de encontrar salvação no autoabnegado amor de Deus. Quando Pascal escreveu, nas *Pensées*, "a verdadeira e única virtude consiste em ... se odiar, pois somos odiáveis por nossa concupiscência, e em procurar um ser verdadeiramente amável para amá-lo" (564), ele estava expressando sentimentos tipicamente agostinianos. No começo, sob a liderança do abade Saint-Cyran, Port-Royal era conhecido pela forma particularmente rigorosa de penitência e devoção que pregava e pelas boas obras que promovia. Mas, a partir da metade dos anos de 1640, o convento se tornou cada vez mais envolvido na polêmica causada por sua recusa a condenar um livro, o *Augustinus*, escrito pelo teólogo flamengo Jansenius, o qual argumentava que Santo Agostinho havia, ele mesmo, ensinado que toda virtude humana era falsa e que a salvação individual estava inteiramente nas mãos de Deus. A disputa "jansenista" quase despedaçou a Igreja francesa e na realidade levou, nos anos de 1660, as freiras leais ao jansenismo à prisão domiciliar.

A recém-descoberta fé de Pascal não impediu que ele continuasse com suas investigações científicas. Mudando-se para Paris em 1647, continuou suas experiências sobre o vácuo. Depois que seu pai morreu em 1651, a vida de Pascal parece ter assumido uma tendência mais mundana. Foi nessa época que conheceu os teóricos da *honnêteté,* ou da conduta de cavalheiros[7], o Cavaleiro[8] de Méré e Damien Mitton, e foi em razão do interesse do primeiro em jogos de azar em sua matemática que Pascal começou a trabalhar sobre a teoria das probabilidades. Então, tarde da noite de 23 de novembro de 1654, Pascal experimentou uma conversão extática. Pascal era um jovem severo e fechado em si mesmo e vários fatores devem ter contribuído para essa "segunda conversão" – a morte de seu pai, a decisão de sua amada irmã Jacqueline de se tornar freira em Port-Royal, a crônica fragilidade de sua saúde. Mas seja lá qual for a causa, é claro que essa "noite de fogo" mudou o destino do resto de sua vida. Pascal registrou a experiência em um pedaço de pergaminho que foi encontrado em meio às suas roupas na sua morte. O "Memorial", como é conhecido, com sua simples justaposição de palavras, frases e citações e seu explícito repúdio ao Deus dos filósofos em favor do Deus da Bíblia, expressa de modo avassalador a fervente espiritualidade cristocêntrica que percorre os subterrâneos de todas as *Pensées*:

Ano da graça de 1654

Segunda-feira, 23 de novembro, dia de São Clemente, papa e mártir, e outros no Martirológio.

Véspera de São Chrysogonus, mártir, e outros.

A partir de cerca das dez e meia da noite até cerca de meia-noite e meia.

---

7 Pascal escreveu alguns fragmentos nas *Pensées* sobre esse comportamento que seria supostamente virtuoso (*honnêteté*) e que de modo histórico-conceitual é um derivado de reflexões de forte conteúdo pagão e neoestoicista. (N. T.)

8 *Chevalier* é um título de nobreza que dentro da hierarquia se encontra logo abaixo do Barão. (N. T.)

Fogo.

Deus de Abraão, Deus de Isaac, Deus de Jacó, não dos filósofos e dos eruditos.

Certeza, certeza, sentimento, alegria, paz.

Deus de Jesus Cristo.

Deum meum et deum vestrum.[9]

Teu Deus será meu Deus.

Esquecimento do mundo e de tudo menos de Deus.

Ele só é encontrado pelas vias ensinadas pelo Evangelho.

Grandeza da alma humana.

Pai justo, o mundo não te conheceu mas eu te conheci.

Alegria, alegria, alegria, lágrimas de alegria.

Dele me separei.

Dereliquerunt me fontem aquae vivae.[10]

Meu Deus, abandonar-me-ás?

Que eu jamais seja separado dele para sempre.

Esta é a vida eterna, que eles te conheçam, o único verdadeiro Deus e aquele que hás enviado, J. C.

Jesus Cristo.

Jesus Cristo.

Eu me separei dele, fugi dele, o renunciei, o crucifiquei

Que eu jamais me separe dele.

Ele só pode ser conservado pelas vias ensinadas no Evangelho.

Renúncia total e doce.

Submissão total a Jesus Cristo e a meu diretor.

Eternamente em alegria por um dia de esforço na terra.

Non obliviscar sermones tuos. Amen.[11]

Pascal, *Pensées,* 913

Pascal se colocou então sob a direção espiritual de Antoine Singlin, o superior de Port-Royal, e fez uma série de retiros na

9 Em latim no original francês; citação de Ruth, I, 16 "vosso povo é meu povo e *vosso Deus, meu Deus*". (N. T.)

10 Em latim no original francês; citação de Je., II, 13 "... *Eles me abandonaram, eu, a fonte de água viva.*" (N. T.)

11 Em latim no original francês; citação do Salmo CXVIII, 16 "Eu, sobre suas justificações, *não esquecerei suas palavras.*" (N. T.)

casa do convento fora de Paris, Port-Royal des Champs. Ali, ele se juntou aos *solitaires*,[12] um grupo de jovens bem--nascidos vivendo uma vida quase monástica de meditação, louvor e trabalho físico. Quando, durante uma visita, foi pedido a ele que ajudasse na campanha para impedir a expulsão do principal teólogo jansenista, Antoine Arnauld, da Faculdade de Teologia de Paris, Pascal respondeu por um período de treze meses (1656-1657) com as dezoito *Cartas provinciais*, nas quais ele habilmente defendeu os jansenistas e satirizou seus inimigos, especialmente os jesuítas. Em 1656, a sobrinha de Pascal, uma aluna de 12 anos interna em Port--Royal, foi objeto de uma cura "milagrosa", quando o que se acreditava ser uma relíquia da Coroa de Espinhos foi colocada sobre uma úlcera ocular. Isso imediatamente pôs Pascal a trabalhar em um tratado sobre milagres, o qual parece, por algum tempo, ter se transformado em projeto de apologia em larga escala da religião cristã. Em algum momento de 1658, Pascal apresentou um esboço do trabalho para seus amigos em Port-Royal mas, em 1659, sua saúde em franco declínio, talvez em razão de um câncer, o impede de completar seu projeto. Morreu em 1662, aos 39 anos, deixando para trás uma grande coleção de anotações e fragmentos, para o qual seus primeiros editores deram o título de *Pensées*.

É necessário somente uma rápida olhada nos quase mil fragmentos incluídos nas modernas edições das *Pensées* para se perceber que eles em nada constituem algo como uma apologia acabada ou mesmo um rude esboço do que ela poderia ser. Anotações crípticas sobre polidez e sobre a filosofia de Descartes lado a lado com citações do Velho Testamento. Todavia, Pascal seguramente organizou uma porção de suas anotações em uma ordem que nos dá alguma indicação da forma a que sua apologia poderia ter chegado.

Em termos muito amplos, os fragmentos de Pascal formam dois grupos. Pascal trabalhava escrevendo anotações

12 "Solitários"; praticamente um conceito descritivo da atitude jansenista no plano psicossocial e político. (N. T.)

sobre grandes folhas de papel. Em algum momento antes de 1659, ele começou a cortar as folhas e amarrá-las em maços, correspondendo a cerca de 28 capítulos que ele havia projetado para sua apologia. Um índice, começando com "Ordem", "Efêmero", "Miséria" e assim por diante, terminando com "Conclusão", indicava tanto os temas dos 28 capítulos quanto a ordem aproximada sob a qual Pascal planejava organizá-los. Entretanto, Pascal organizou somente pouco mais de um terço das anotações que havia amarrado em maços, deixando o restante em uma relativa desordem. Em edições modernas, esses fragmentos desorganizados são divididos em mais de trinta "séries" sem título, sem limites claros, com apenas uma exceção, que seguem os fragmentos organizados. Ao contrário da primeira parte, esta não pode de modo algum ser tomada como um esboço inicial da apologia de Pascal; entretanto, no mínimo alguns desses fragmentos dessa parte podem ser colocados, de um modo um tanto hipotético, nos diferentes capítulos da primeira parte, ainda que rompendo a estrutura essencial que os fragmentos organizados oferecem. Há, todavia, além disso, outras fontes que lançam luz sobre o plano que Pascal havia concebido, incluindo fragmentos individuais referentes à estrutura do trabalho, o testemunho de contemporâneos de Pascal e um trabalho conhecido como *Conversa com o sr. De Saci*, um diálogo entre Pascal e seu diretor espiritual, registrado em 1655.

A DIALÉTICA DE PASCAL

A primeira questão a esclarecer ao discutir as *Pensées* é que a progressão da argumentação de Pascal é tanto sutil quanto obscura e que, portanto, qualquer formulação simplista será muito provavelmente apressada e incerta. Não é nem mesmo claro, por exemplo, se Pascal havia decidido a forma que sua apologia deveria ter. Entretanto, alguns fragmentos indicam fortemente que ele iria lançar mão de cartas ou de um diálogo ou, talvez, de um diálogo em uma carta, uma forma que ele usou com grande efeito nas *Cartas provinciais*. A polida concisão de outros fragmentos tem sugerido para alguns críticos que a obra acabada em si teria tomado uma forma fragmentária. Qualquer tentativa de encaixar todo o fragmento em uma hipotética forma apologética serviria apenas para empobrecer a incomparável obra de Pascal; não se trata apenas do fato de que alguns fragmentos, como aqueles sobre a polêmica jansenista, claramente não pertencem em absoluto à projetada apologia, mas de que muitos outros, que tocam nesses temas, o fazem tão indiretamente – são reflexões variadas e gerais sobre a vida – que o lugar preciso e a função apologética desses fragmentos parecem objeto de dúvida para o próprio Pascal.

A leitura dos maços na sua ordem original seguramente sugere aquilo que muitos fragmentos individuais e o testemunho de contemporâneos de Pascal confirmam: que Pascal tinha planejado dividir sua apologia em duas partes e que o movimento de uma a outra visava levar o leitor do conhecimento da natureza a um pressentimento[13] de Deus. Também parece claro que, fosse em forma de cartas, fragmentos ou um diálogo formal, a abordagem de Pascal seria essencialmente dialógica. Estabelecendo um outro paralelo com as *Cartas provinciais*, Pascal tendia a enquadrar seu argumento na forma de um intercâmbio entre um apologista ou dialético e um interlocutor mundano, acostumado ao lazer e cético.

Dissemos que os fragmentos ordenados de Pascal revelam uma progressão da natureza a Deus. Talvez o argumento mais comum e mais bem conhecido para navegar nessa rota seja o "argumento a partir do projeto". Entretanto, Pascal duvidava, se não da validade, seguramente da utilidade desse argumento, e de forma bastante explícita o rejeitava, e também das outras "provas naturais" populares entre os tomistas, humanistas e jesuítas. Como ele diz sobre essas pessoas:

> Ao dirigir seus discursos aos ímpios, seu primeiro capítulo é provar a divindade pelas obras da natureza. Eu não me admiraria de sua iniciativa se eles dirigissem seus discursos aos fiéis, pois é certo que os que têm a fé viva dentro do coração veem sempre que tudo quanto existe não é outra coisa senão obra do Deus que eles adoram, mas para aqueles nos quais esta luz se apagou e nos quais pretende-se fazê-la reviver, estas pessoas destituídas de fé e graça ...; dizer-lhes que lhes basta ver a menor das coisas que as cercam, para nela verem Deus a descoberto, e dar-lhes por toda prova desse grande e importante assunto o curso da lua ou dos planetas ... é dar-lhes motivo de crer que as provas de nossa religião são bem fracas ... Não é dessa forma que a Escritura, que conhece melhor as coisa que são de Deus, fala desse assunto. Ela diz, ao contrário, que Deus é um Deus escondido e que desde a corrupção da natu-

13 No original "*a feeling for God*"; o termo *feeling* aqui nos remete à ideia de um "pressentimento" da presença de Deus. Optamos por "pressentimento", já que a palavra "sentimento" em português cria ruídos quanto a essa compreensão precisa da "percepção" da presença de Deus. (N. T.)

reza ele os deixou em uma cegueira de que só podem sair por Jesus Cristo, fora do qual toda comunicação está afastada.

Pascal, *Pensées*, 781.

Em vez de apelar para "o curso da lua ou dos planetas", Pascal adotou uma abordagem amplamente cética ou pirrônica (de acordo com o antigo cético grego Pirro) por muito tempo já defendida por Agostinho e agostinianos, que objetivava levar o homem à fé em Deus ao fazê-lo perceber sua fraqueza, corrupção e precariedade. Resumindo, os primeiros maços oferecem um "retrato do homem" que em muitos aspectos lembra a famosa depreciação feita por Montaigne dos poderes intelectuais e morais humanos na sua "Apologia para Raimond Sebond". Mais especificamente, a dialética de Pascal se esforça para alertar seu interlocutor agnóstico para dois elementos da condição humana em geral e para sua – do interlocutor – dificuldade em particular. Em primeiro lugar, Pascal procura mostrar que ninguém, baseando-se apenas em meios humanos, é capaz de entender ou dar conta da confusa mistura de baixas qualidades e alto potencial presente no homem (maços 2-7). Em segundo lugar, Pascal argumenta que, a despeito de sua evidente capacidade para a felicidade, o homem é naturalmente miserável e nada do que os filósofos foram capazes de sugerir pode aliviar essa miséria (maços 8-10).

Tendo, portanto, estabelecido, na primeira parte do plano, a inabilidade do homem para chegar a um entendimento profano acerca de si mesmo ou de tornar-se feliz por meios naturais, Pascal avança, em um grupo intermediário de maços, argumentando que só o cristianismo, entre todos os credos morais e religiosos, tem a capacidade de explicar tanto as impressionantes contradições do homem – pela referência à Queda – como de torná-lo feliz – pelo meio da Graça (maços 11-17). Em outras palavras, esses maços intermediários representam o cristianismo como uma solução em dois sentidos:

ele não somente resolve o problema do caráter humano, mas também oferece uma solução para sua infelicidade. Por fim, na segunda parte da apologia propriamente, Pascal oferece uma série de argumentos históricos para o divino caráter da Bíblia e da religião cristã, baseada principalmente na precisão das profecias do Velho Testamento (maços 18-25).

> Primeira parte. Miséria do homem sem Deus.
>
> Segunda parte. Felicidade do homem com Deus.
>
> De outro modo:
>
> Primeira parte. Que a natureza é corrompida pela própria natureza.
>
> Segunda parte. Que há um Redentor, pela Escritura.
>
> Pascal, *Pensées*, 6

É claro que no plano mais geral os fragmentos de Pascal se movem partindo de uma depreciação do homem como um enigma infeliz em direção ao argumento da verdade da religião, que pode explicar seu caráter e fazê-lo feliz. Pascal é às vezes descrito como fideísta – alguém que acredita que a religião é uma questão de fé cega em vez de uma crença racional. Em particular, muito tem sido feito a partir das frequentes referências de Pascal à deidade cristã como "um Deus escondido". Certamente Pascal acreditava que, no final das contas, as verdades da religião eram tão sentidas quanto conhecidas e, como vimos, insistia que "conhecemos Deus somente por meio de Jesus Cristo" (189). Mas deveria estar claro que Pascal em absoluto rejeitava a razão. Ao contrário, seus fragmentos oferecem argumentos para acreditar na verdade da Bíblia e ter confiança em Deus; no final das contas, chegamos essencialmente à fé religiosa por um movimento do coração, mas "para aqueles que não a têm, podemos apenas lhes dar fé pelo raciocínio, esperando que Deus lhes dê pelo sentimento do coração" (110). O que distingue, de alguma forma, Pascal de apologistas mais acadêmicos é que seus argumentos atuam, e atuam brilhantemente, tanto sobre as emoções quanto sobre o intelecto – sobre nosso anseio por autoconhecimento, justiça e felicidade. As vertiginosas evocações de Pascal acerca da insignificância do lugar do homem no cosmo – "O silêncio eterno desses espaços infinitos me apavora" (201) –, assim como seus comentários acerca da arbitrariedade e iniquidades da justiça dos homens e o vazio de uma vida rica e de lazer, desperdiçada em passatempos sem sentido, têm a intenção de falar aos corações de seus leitores assim como às suas mentes.

Algo já foi dito sobre o que, para a maioria dos leitores modernos, é a parte mais interessante das *Pensées* – a primeira parte, dedicada ao "retrato do homem". Antes, porém, de nos dirigirmos para nosso tema principal – a paradoxal defesa pascaliana da efemeridade popular –, algo mais precisa ser dito acerca de alguns detalhes da demonstração de nossa natureza e dificuldade presentes nas *Pensées*. A questão mais importante a ser iluminada aqui é que Pascal não se propôs apenas a conduzir seu leitor por meio de uma depreciação comum do homem, aos moldes agostinianos. Mais do que isso, ele tinha seu método próprio e característicoque consistia, na sua essência, em utilizar escolas de pensamento não cristãs contrárias a fim de que uma desqualificasse a outra, enquanto, ao mesmo tempo, enfatizava determinadas verdades aparentemente incompatíveis, para as quais, poderia ser demonstrado, só o cristianismo faria justiça.

Como agostiniano, Pascal achava que a Escritura alertava para o que ele concebia como os dois traços fundamentais contrários da identidade humana, sua grandeza e sua miséria, e explicava tal realidade fazendo referência à Queda: o pecado de Adão havia causado uma terrível corrupção da natureza humana, ainda que traços iluminados de sua inocência anterior permanecessem. Entretanto, Pascal observava que sem a orientação da Escritura o homem invariavelmente fracassava em compreender a si mesmo – a partir de uma perspectiva temporal, os diferentes aspectos de sua natureza eram inteiramente irreconciliáveis. O resultado era que as pessoas caíam naturalmente em escolas que guerreavam entre si, enfatizando um ou outro dos caracteres contraditórios do homem. Alguns veem apenas suas baixas qualidades, outros sua grandeza, um essencialmente dando expressão para o orgulho humano, o outro para sua concupiscência.

> Sem esses conhecimentos divinos, que podem os homens fazer senão se exaltarem pelo sentimento interior que lhes resta de sua grandeza passada ou se abaterem diante da visão de sua fraqueza presente? Pois não vendo a verdade inteira, não podem chegar a uma virtude perfeita. Uns considerando a natureza como não corrompida, outros a considerando como irreparável, não puderam escapar ao orgulho ou à preguiça, que são as duas fontes de todos os vícios, pois que não têm saída que não seja ceder por covardia ou escapar pelo orgulho.
>
> Pascal, *Pensées*, 208

Conflitos na Igreja ofereciam uma ilustração do instinto humano de apreender um aspecto de seu carácter dual em detrimento do outro. Assim sendo, os jesuítas tipicamente enfatizavam as capacidades humanas para a exclusão de sua corrupção e os calvinistas, o contrário (733). Mas, é claro, Pascal não faz referência a esses conflitos doutrinários, pois não queria afastar seus leitores mundanos. Em lugar disso, desenvolve seu retrato indicando e esquematizando as visões contrárias da natureza humana encontradas em meio a pensadores profanos e, em particular, pagãos. Além disso – e aqui tocamos no aspecto mais diferenciado e engenhoso da técnica argumentativa pascaliana –, em vez de oferecer um explícito tratamento cristão para os dois pontos de vista contrastantes, ele joga um contra o outro, para a destruição de ambos.

A apresentação pascaliana desse conflito entre os detratores e defensores pagãos do homem e o uso que ele faz deste mudam quase de fragmento a fragmento. Todavia, é razoavelmente claro – não apenas a partir das *Pensées*, mas também da

Conversa com o sr. De Saci, em que Pascal discute com alguma amplitude as visões rivais do homem encontradas entre os filósofos – que Pascal achava que as escolas filosóficas tendiam para um ou outro dos extremos. De um lado, havia os estoicos e dogmáticos (na *Conversa*, Pascal invoca Epictetus como um representante desse campo), que assumiam uma visão altamente positiva do potencial humano. Eles não apenas davam uma rigorosa lista dos deveres do homem, mas assumiam que ele podia cumpri-los; eles não só declaravam que ele tinha um conhecimento seguro da natureza, mas também que por meio dela podia conhecer Deus. De outro, havia os céticos, incluindo os acadêmicos e epicuristas (representados na *Conversa* por Montaigne), que assumiam uma visão altamente negativa do potencial do homem. Eles listavam sua ignorância da verdade e da justiça, sua fragilidade física e a fraqueza de sua vontade. Se os estoicos e seus aliados pinta vam o homem como um anjo, os céticos o apresentavam como uma fera.

O objetivo de Pascal ao compor este contraste era mostrar que a verdade em cada postura operava como desqualificadora da verdade da postura contrária, porque o homem era, na realidade, uma mistura paradoxal de ambas, baixas e altas qualidades: ele não era "nem anjo nem fera" embora exibisse as características de ambos (678).

> O homem é naturalmente crédulo, incrédulo, tímido, temerário.
>
> Pascal, *Pensées*, 124

Os céticos estavam certos em dizer que a razão sozinha não pode nos assegurar de nada; eles esqueciam que conhecemos algumas coisas como objeto de intuição, e não pela razão (110, 131, 406). Eles estavam certos, também, ao insistir em nossa vulnerabilidade física, mas errados em ignorar o fato de que, diferente da matéria, no mínimo o homem pode pensar.

> Através do espaço, o universo me compreende e me engole como um ponto: através do pensamento, eu o compreendo.
>
> Pascal, *Pensées*, 113

Os estoicos estavam certos em argumentar que o homem "tem dentro de si a capacidade para conhecer a verdade e ser feliz", mas eles não percebiam que "ele não possui nenhuma verdade que seja permanente ou satisfatória" (119). Estavam certos em indicar que os homens são capazes de grandes e maravilhosos feitos, mas errados em "concluir que o que alguém pode fazer às vezes pode fazer sempre" (146).

Onde esta traiçoeira justaposição de visões rivais da natureza humana nos deixa? O que os fragmentos pascalianos sobre as "espantosas contradições" humanas estabelecem? Bem, em primeiro lugar, a análise de Pascal opera uma desqualificação de todas as escolas filosóficas tradicionais de pensamento e mostra que, desde o ponto de vista da razão natural, o homem permanece necessariamente um paradoxo miserável.

> Se ele exaltar a si mesmo, eu o humilho.
> Se ele se humilhar, eu o exalto.
> E eu o contradigo continuamente
> Até que ele compreenda que é um monstro incompreensível.
>
> Pascal, *Pensées*, 130

Ao mesmo tempo que dissolvem os fundamentos da fé humana em seus poderes naturais, as análises das contradições humanas ajudarão a estabelecer as bases para a "Transição do conhecimento do homem para o conhecimento de Deus" (título dado por Pascal a um de seus maços), em virtude de isso revelar aspectos da condição humana que podem ser explicados somente pela Queda e enfatizar necessidades humanas que podem ser satisfeitas somente na comunidade dos salvos. Dessa forma, a argumentação pascaliana se move em "zigue-zague" passando de uma posição convencional a outra, cada uma delas sendo demonstrada como parcialmente verdadeira, parcialmente falsa, até que realmente o interlocutor em crise é trazido, sem sentir, ao ponto em que ele estará pronto para abrir sua mente e seu coração para Deus.

> Que criatura monstruosa é então o homem? Que novidade, que monstro, que caos, que sujeito de contradições, que prodígio? Juiz de todas as coisas, imbecil verme da terra, depositário da verdade, cloaca de incertezas e de erros, glória e refugo do universo.
>
> Quem desfará esse nó? Certamente, isto ultrapassa o dogmatismo e o pirronismo e toda a filosofia humana...
>
> A natureza confunde os pirrônicos (e os acadêmicos) e a razão confunde os dogmáticos. O que virá a ser de vós, ó homem, que procura qual é vossa verdadeira condição por meio de vossa razão natural, vós não podeis escapar a uma dessas (três) escolas nem sobreviver em nenhuma delas.
>
> Conhecei então, orgulhoso, que paradoxo vós sois a vós mesmo. Humilhai-vos, razão impotente! Calai-vos, natureza imbecil, aprendei que o homem ultrapassa infinitamente o homem e escutai de vosso mestre vossa condição verdadeira, que ignorais.
>
> Escutai Deus.
>
> Pascal, *Pensées*, 131

O POVO E OS FILÓSOFOS

Fragmentos tais como os dois últimos citados demonstram claramente quão central o tema da grandeza e da miséria era para o plano apologético de Pascal. Todavia, quero chamar atenção para a existência, nas *Pensées*, de um outro argumento; um que de fato compartilha a mesma estrutura dialética presente no tratamento pascaliano do caráter contraditório do homem, e que com este em muitos pontos se liga, mas que é provavelmente ignorado quando, como geralmente ocorre, o desenvolvimento do tema do caráter dual do homem é identificado como a única preocupação dos primeiros maços. Resumindo, quero enfatizar a existência de uma segunda oposição, desta vez entre os filósofos e o povo.

Um bom ponto de partida para a exploração desse tema é dado por uma significativa, mas geralmente negligenciada, anotação em meio aos fragmentos desorganizados:

> Ordem. Eu poderia muito bem ter tratado deste discurso acerca da ordem da seguinte forma: para mostrar o caráter efêmero de todos os tipos de condições, mostrar a efemeridade das vidas comuns e, depois, a efemeridade das vidas filosóficas, pirrônicas, estoicas; mas a ordem não seria aí mantida.
>
> Pascal, *Pensées*, 694

Agora, apesar da referência de Pascal à dificuldade que encontrara em se manter no seu plano, fortes elementos permanecem nas anotações que chegaram até nós. A primeira parte das *Pensées* de fato revela uma progressão que vai de uma explanação acerca da efemeridade do povo à explanação do caráter efêmero da filosofia. E, como podemos esperar a partir do exemplo visto no tratamento dado por Pascal ao caráter dual do homem, ele não oferece simplesmente uma depreciação cristã da multidão seguida daquela dada pelos sábios. Em vez disso, Pascal emprega a verdade contida na vertente filosófica para demonstrar a loucura do povo (maços 2, 3 e 8) e, em seguida, ele se engaja em uma defesa do povo como um meio de desqualificar os filósofos (maços 5 e 8, novamente). Assim sendo, mais uma vez, Pascal procurou fazer uso das percepções incompatíveis produzidas por dois dos maiores referenciais profanos a fim de desqualificar ambas as posturas.

Mas, antes de nos atermos aos detalhes do tratamento pascaliano dado ao povo e aos filósofos, algo mais é necessário ser dito acerca da distinção em si. O entendimento de Pascal acerca do povo é de fato bastante simples. Por esta categoria, ele se referia a qualquer um, sem levar em conta seu lugar na hierarquia social, que não fosse filósofo; reis, comerciantes, camponeses, todos pertencem ao "povo comum". Mas a outra metade dessa distinção – a categoria dos filósofos – necessita de tratamento mais cuidadoso. Aqui, um problema necessita ser esclarecido. Um grande obstáculo para se perceber o caráter ou mesmo a existência do contraste entre os intelectuais e o povo comum é pensar nas escolas filosóficas como opostas umas às outras no que se refere às maiores questões da condição humana. Evidentemente que havia reais distinções entre as escolas filosóficas – entre os dogmatistas e os céticos, os estoicos e os epicuristas –, e essas diferenças desempenham um importante papel nas *Pensées*. Mas Pascal também identificava determinadas concepções, as quais ele pensava ser compartilhadas pelos filósofos de todas as tendências, que operavam de tal forma a separá-los da multidão. Não importa a qual escola pertencessem, os sábios tomavam como dado evidente que o povo era vão[14] e bobo, e que somente aqueles com alguma tendência filosófica poderiam razoavelmente afirmar ter alguma compreensão da felicidade ou da verdade.

A convicção dos filósofos de que eles eram em todos os sentidos superiores ao povo encontra, talvez, sua primeira e mais famosa expressão nos diálogos de Platão, especialmente a *República*, com sua precisa distinção entre os filósofos, em harmonia com as leis em virtude da sabedoria que possuíam, e o povo, prisioneiro em um mundo de ilusões. O contraste também se revela, tal como uma linha vermelha divisória, entre os escritos dos moralistas de Roma. Pascal não teve de olhar para trás em direção ao mundo clássico; o senso de superioridade de Platão estava vivo e bem entre os sábios da recente Europa moderna. O influente filósofo estoico Justus Lipsius e o mais cético Pierre Charron definem suas versões de virtude em oposição às atitudes do povo. "Em resumo", Charron escreveu no seu tratado *Da sabedoria* (1601), "a gente vulgar é uma fera selvagem, tudo em que acreditam é mera vaidade ... O começo da sabedoria, então, é observar a si mesmo bem de perto e resistir a ser levado pela opinião popular".[15]

Mas é Montaigne, cujos *Essays* (1580-1595) Pascal leu com extrema atenção, quem, talvez, melhor representasse a posição que ele queria desafiar. No seu capítulo "De Demócrito e Heráclito", Montaigne estabelece uma diferença entre duas classes de filósofos, aqueles como Demócrito, que riam do

14 Vain: o autor, seguindo Pascal, aqui não parece ter em mente apenas "vaidoso", mas sim "vão", na medida em que o povo seria dado a posturas vazias e efêmeras diante do mundo; a atitude vaidosa é vã, mas o contrário nem sempre é necessariamente verdadeiro. (N.T.)

15 Pierre Charron, *De la sagesse*, ed. Barbra Negroni (Paris: Fayard, 1986), p. 337-8. Mais especificamente, *Da sabedoria*, oferece um "retrato do homem" que aponta claramente cinco qualidades comuns à "multidão comum": vaidade ou efemeridade, fraqueza, inconstância, miséria e orgulho. Essas se assemelham e muito possivelmente respondem pela fonte para os títulos dos maços iniciais de Pascal: "Efêmero", "Miséria" e "Tédio".

povo, e aqueles como Heráclito, que eram mais inclinados a chorar. Os *Essays* em si, apesar de sua relativa atitude aberta com relação a costumes estrangeiros e ao povo comum, são apimentados com referências ora debochadas ora carregadas de pena para com a multidão vulgar, descrita em uma passagem como "um mar de ignorância, injustiça e inconstância".[16] O sistema filosófico de Descartes poderia igualmente ser descrito como tendo seu ponto de partida em um desprezo ortodoxo com relação aos pressupostos e preconceitos da multidão;[17] como afirma nas primeiras páginas do *Discurso do método*. "Olhando para as várias promessas e ações da humanidade, dificilmente há uma que não me pareça vã e inútil".[18] Não é por acaso que o famoso dicionário da Acadêmica Francesa de 1694 definia um filósofo precisamente como alguém que possuía "uma certa firmeza de espírito e elevação da mente, com as quais se elevava acima dos acidentes da vida e das falsas opiniões do mundo".

---

16 Michel de Motaigne, *Essais*, ed. Micha, 3v. (Paris: Garnier-Flammarion, 1969), v.II, p.288. (N. T.)

17 Ver nota 4. (N. T.)

18 René Descartes, *Discurso sobre o método*, tradução F. E. Sutcliffe (Londres: Penguin, 1968), p.28.

O EFÊMERO[19] DA ORDEM POLÍTICA

As *Pensées* oferecem muitos exemplos do tipo de efemeridade popular depreciado pelos filósofos. Um fragmento, por exemplo, ridiculariza o gosto do mundo pela arte:

> Quão vã é a pintura, que atrai a admiração pela semelhança com as coisas, cujos originais não admiramos.
>
> Pascal, *Pensées*, 40

Um outro ri da paixão de Antônio pelo nariz de Cleópatra:

> Efêmero.
> A causa e os efeitos do amor. Cleópatra.
>
> Pascal, *Pensées*, 46

A maioria dos exemplos de Pascal pode ser colocada sob um entre dois títulos: eles residem no caráter efêmero das crenças do povo no que se refere tanto à justiça quanto à felicidade.

A questão filosófica contra a ordem política era suficientemente simples. Consistia essencialmente em apontar que, no lugar de uma justiça fixa e universal, a sociedade humana oferece um espetáculo de fluxo heraclitiano: estatutos variam,

19 Efemeridade e vaidade do mundo e dos atos humanos se misturam de forma acentuada ao longo de toda a argumentação acerca da dimensão política; todavia, o essencial permanece sendo o caráter efêmero. (N. T.)

virtudes diferem, constituições entram em conflito. Essa questão Pascal trata em um longo fragmento no maço "Efêmero", o qual, na realidade, acompanha de muito perto a bem conhecida depreciação feita por Montaigne à justiça dos homens na *Apologie de Raimond Sebond*:

> O esplendor da verdadeira equidade teria submetido todos os povos. E os legisladores não teriam pego por modelo, no lugar dessa justiça constante, as fantasias e os caprichos dos persas e dos alemães. Nós a veríamos plantada em todos os estados do mundo, e em todos os tempos, ao passo que qualquer coisa de justo ou injusto muda ao mudar o clima, três graus de elevação da latitude alteram toda a jurisprudência, um meridiano decide acerca da verdade. Em poucos anos de invasão as leis fundamentais mudam... Justiça engraçada esta que a fronteira é limitada por um rio. Verdade do lado de cá dos Pirineus, erro do lado de lá.
>
> Pascal, *Pensées*, 60

É evidente que, sob pressão, os homens confessam que os costumes mudam de um país para o outro, mas afirmam contundentemente que a justiça reside não nestes, mas nas leis naturais que alegam estar no subterrâneo desses costumes.

> Certamente sustentariam isso obstinadamente se a temeridade do acaso que semeou as leis humanas tivesse encontrado ao menos uma que fosse universal. Mas a piada é tal que o capricho dos homens é tão imensamente diversificado que não há mesmo uma sequer.
>
> Roubo, incesto, o assassinato de crianças e pais, tudo teve seu lugar entre as ações virtuosas.
>
> Pascal, *Pensées*, 60

Pascal, em particular, aqui ainda seguindo Montaigne, acentua a caleidoscópica variação na forma de a autoridade ser organizada. Assim sendo, para tomar um dos seus exemplos favoritos, na França aristocrática o nascimento contava como qualificação para a função, ao passo que

> Os suíços se ofendem se alguém os chamar de nobres e provam sua descendência plebeia para serem candidatos a altos cargos.
>
> Pascal, *Pensées*, 50

E isso, por sua vez, aponta para outro absurdo em se tratando de política, a saber, o lugar do indivíduo na hierarquia social não tem nada a ver com o mérito, mas é, ao contrário, determinado pelo nascimento: " mas quando se trata da escolha de sua condição e de sua pátria, o acaso é que decide" (193). Um outro capricho por parte do legislador fundador, a riqueza e o título do filho mais velho poderiam ter sido do mais jovem; nascidos de pais diferentes, em um momento diferente ou em um outro lugar, e a relação entre o maior monarca do mundo e seu menor súdito poderia ter sido invertida.

Portanto, a questão dos filósofos contra a ordem política se encontra na demonstração da extraordinária variação nas leis e constituições e na arbitrariedade a partir da qual prerrogativas e deveres são distribuídos. Como Pascal coloca em um curto fragmento:

> Justiça.
>
> Assim como a moda estabelece o charme, assim também ela estabelece a justiça.
>
> Pascal, *Pensées*, 61

Todavia, o real alvo de Pascal não é a ordem política, mas a ampla crença de que ela é justa. A ênfase dos filósofos na loucura da justiça que muda com o clima é apenas o começo. A real piada está no fato de que a multidão comum toma as transitórias e caprichosas convenções que a governam como se fossem a materialização da justiça atemporal e universal: "... assim como eles acreditam que a verdade pode ser encontrada e que ela está nas leis e nos costumes" (525). Eles tendem a respeitar em especial o sistema de desigualdade no qual nascem e o julgam um justo reflexo da virtude natural dos seus membros. A multidão regularmente confundia o que Pascal denominava *grandeur d'établissement* (grandeza política) com seu suposto ideal natural e julgava eminência social como uma expressão de valor moral.

Em um ensaio que escreveu próximo ao fim de sua vida, aconselhando um jovem nobre a refletir acerca de sua autoridade no mundo, *Três discursos acerca da condição dos grandes* (provavelmente 1660), Pascal abre com uma analogia que de modo preciso captura justamente essa confusão. Um náufrago encontra-se lançado em uma ilha distante cujos habitantes perderam seu rei. Por acaso, ele se parece com o monarca perdido e, decidindo tirar vantagem de sua boa sorte, deixa-se ser ungido rei. Pascal sustenta que uma fantasia análoga existe no subterrâneo da ordem temporal, em que os homens assumem que alguns entre eles, os quais não têm qualquer título natural para nobreza, são de fato nobres:

> Não imagine o senhor que seja por um acaso menor que tem as riquezas das quais é mestre, menor do que aquele pelo qual aquele homem se tornou rei ...
>
> Tem, o senhor diz, suas riquezas de seus ancestrais; mas não é por mil acasos que seus ancestrais as adquiriram e que as conservaram para o senhor? ... Essa ordem não é fundada senão sobre a única vontade de legisladores que puderam mesmo ter boas razões, mas nenhuma delas é sustentada em algum direito natural que teria sobre essas coisas. Se quisessem eles ordenar que esses bens, após terem sido possuídos pelos pais durante suas vidas, retornassem à república após suas mortes, o senhor não teria qualquer razão para reclamar.[20]

Na realidade, a única diferença na explicação de Pascal entre a situação do náufrago e o mundo real é que o naufrago ao menos sabe que ele não é um genuíno rei, ao passo que a maioria dos senhores do mundo são vaidosos o bastante para acreditar que eles possuem qualidades superiores que espe-

---

20 Pascal, *Trois discours sur la condition des grands*, ed. Louis Lafuma, (Paris: L'Intégrale/Seuil, 1963) p.366.

cificamente os qualificam para mandar. Não é de se espantar que, como sugere Pascal em um fragmento, quando filósofos como Platão e Aristóteles "escreveram sobre política era como se estivessem estabelecendo regras para um asilo de loucos":

> E se eles fingiram falar de grandes coisas é porque sabiam que os loucos a quem se dirigiam pensavam ser reis e imperadores. Entravam no jogo deles a fim de moderar sua loucura, com o mínimo de mal possível.
>
> Pascal, *Pensées*, 533

Para os filósofos, a credulidade do povo era quase inacreditável. Eles realmente tomavam a ridícula ordem política dentro da qual, por mero acaso, se encontravam como objeto de profundo respeito. Entretanto, os filósofos não se resumiam a chamar a atenção para essa ilusão; além disso, havia ainda mais divertimento à custa do povo. Pois se as leis às quais a multidão se submetia são em si arbitrárias, o são apenas no sentido de não estabelecerem qualquer conexão com a verdadeira justiça. Todavia, há um padrão para elas que, uma vez descoberto, faz o povo que as respeita parecer ainda mais vão. Pois, em toda parte o povo erra, tomando a justiça como algo puramente físico; ele é, como argumentava Platão em primeira mão, escravo da opinião e do hábito, e confunde essência espiritual com acidente material. Montaigne desenvolveu esta questão longamente: "As leis e a consciência, as quais dizemos nascerem da natureza, nascem do hábito... E à crença popular comum, acreditada à nossa volta e infusa em nossos corações com a semente de nossos pais, parece que essas são gerais e naturais".[21] Mas a respeito desta questão como em outras, a análise de Montaigne era de fato representativa da tradição filosófica como um todo: "Nossas crenças são muito mais baseadas em hábito e exemplo do que em

21 Michel de Montaigne, *Ensaios*, v.I, p.162.

qualquer conhecimento seguro". Todavia, Descartes observou que "o acordo de muitas vozes não é uma prova válida para verdades".[22]

Assim sendo, o povo naturalmente toma idade, número e localidade como critério de justiça. Uma lei é reputada como antiga, um credo religioso é visto como popular; tais fatos brutos são razão suficiente para torná-los legítimos. Um menino é dito ser o primogênito, um homem é conhecido por ter sido filho de uma rainha; esses marcadores físicos, somente, garantem para eles riqueza e altos cargos. Entretanto, não são unicamente idade e número que são combinados com direito natural. Um número de fragmentos de Pascal ilumina o papel que o esplendor material e especialmente os acessórios para o corpo desempenham para se conseguir o respeito do povo. Um exemplo é fornecido pelas profissões, que exploram a suscetibilidade da multidão para o vestuário em todo seu valor.

> Nossos magistrados demonstraram bem conhecer esse mistério. Suas togas vermelhas, os arminhos nos quais se envolvem como gatos furiosos, os palácios onde julgam, as flores-de-lis, todo esse aparato augusto era fortemente necessário, e se os médicos não tivessem as longas sotainas e chinelas e se doutores não tivessem chapéus quadrados e togas enormes de quatro partes, eles jamais poderiam ter enganado o mundo, que não pode resistir a essa mostra tão irresistível.
>
> Pascal, *Pensées*, 44

Mas não são somente advogados e médicos que são julgados como indivíduos de valor e merecedores de respeito pelo povo comum por causa da forma como aparecem: a nobreza e a realeza também. O rei deixa seu palácio rodeado "por guardas, tambores, oficiais e todas as coisas que geram respostas automáticas de respeito". "Olhe", sussurra um garoto na multidão, "o caráter de divindade é estampado em seu rosto" (25).

---

22 René Descartes, *Discurso sobre o método*, p.39.

O EFÊMERO DO *DIVERTISSEMENT*[23]

Vimos a questão que Pascal levanta, juntamente com o restante da tradição filosófica, contra a loucura das opiniões políticas da multidão. O povo automaticamente acredita que as convenções dentro das quais nasceram incorporam a justiça universal, quando, de fato, as leis humanas são semeadas pelo acaso e perpetuadas inteiramente por leis e hábitos corporais. Entretanto, o tratamento que dá Pascal ao "caráter efêmero das vidas comuns" não se refere apenas às atitudes políticas fantásticas do povo; o oitavo maço, *Divertissement*, oferece em grandes linhas o esboço do processo legal filosófico contra a busca do povo pela felicidade.

A filosofia antiga era em si mesma dividida quanto ao tema do verdadeiro bem do homem – seu *summun bonum*. "Não há conflito tão violento", Montaigne havia escrito, "entre os filósofos quanto sobre a questão acerca do bem último do homem".[24] Ao que parece, o próprio Pascal se divertiu à custa dos filósofos no que se refere a esse assunto:

> Para os filósofos, duzentos e oitenta bens soberanos.
>
> Pascal, *Pensées*, 479

---

23 O conceito pascaliano de *divertissement* é central em sua obra; no século XVII tem, além do sentido evidente de "divertimento" e "lazer", o sentido de "desvio estratégico-militar". Pascal seguramente o utiliza nesses três sentidos, pois para ele *divertissement* significa que pelo lazer desvia-se, divertindo-se, estrategicamente do *ennui*, ou seja, da angústia, do desespero, do tédio e do aborrecimento, que seria a condição essencial da alma – ver nota 15. (N. T.)

24 Michel de Montaigne, *Essais*, v.II, p.243.

Apesar de suas diferenças, existiam duas concepções fundamentais compartilhadas em grau menor ou maior por filósofos em toda parte. Na primeira, concordavam que a felicidade consistia em uma indiferença com relação às coisas deste mundo e um controle das paixões que elas provocam. (Ainda pagamos tributo a essa tradição de pensamento quando dizemos "ela é muito filosófica acerca disso" querendo dizer "ela não está se deixando abater".) Na segunda, estavam unidos em definir essa concepção com relação a sua oposição às atitudes que prevaleciam em meio à multidão. Pois era um fato óbvio sobre as pessoas que elas abriam mão da "paz interior" em favor de "bens exteriores" e buscavam felicidade em objetos sem valor e ambições vãs, os quais, ao torná-las dependentes, poderiam somente fazê-las miseráveis.

> Procura do verdadeiro bem.
>
> Os homens comuns colocam o bem na fortuna e nos bens exteriores ou, ao menos, no divertimento.
>
> Os filósofos mostraram o quão efêmero é tudo isso e definiram este tema da melhor forma que puderam.
>
> Pascal, *Pensées*, 626

Muitos dos fragmentos de Pascal acerca da busca das pessoas pela felicidade chamam a atenção para a tendência de elas se ocuparem dos meios em vez de se ocuparem dos fins. Não é difícil entender por que Pascal achou isso particularmente importante como testemunho da loucura humana; meios são, afinal de contas, transitórios. Duas ilustrações características do caso em questão – ambas frequentemente objeto de escárnio por parte dos sábios (101) – são oferecidas pelo jogador e pelo caçador, pois nenhum dos dois daria, particularmente, valor para suas vitórias se atingidas de outra forma. De modo mais geral, em toda parte os homens estão ocupados com o combate – entre animais, esportistas, filósofos, teólogos, cidades ou Estados – mas pouco se importam com os resultados: "Só a competição nos atrai, não a vitória" (773).

Passando da obsessão dos homens com os meios para os fins que de fato perseguem, o filósofo, e Pascal juntamente com ele, aponta para o modo pelo qual o vulgo se devota aos objetos externos e transitórios que, no final das contas, jamais podem satisfazer ninguém. Assim como os exemplos dos parágrafos acima poderiam sugerir, Pascal tende a enfatizar o quão os homens são propensos aos tipos de passatempo que, em francês, são denotados pelo termo *divertissement*, tais como jogos, esportes, caças, danças, peças teatrais e recitais de música:

> Vaidade, jogo, caça, visitas, comédias teatrais, falsa perpetuação do nome de alguém.
>
> Pascal, *Pensées*, 628

> Os homens se ocupam em perseguir uma bola e uma lebre: este é o prazer mesmo dos reis.
>
> Pascal, *Pensées*, 39

Mesmo se, na explicação de Pascal, distrações insignificantes como essas tipificam o caráter efêmero das atitudes populares com relação à felicidade, os filósofos também argumentam que, e os fragmentos de Pascal juntamente com eles, mesmo os grandes objetos com os quais a multidão se ocupa são em última análise vãos. Os homens devotam seu tempo e energia para a busca de uma vocação ou outra – fazer sapatos, comércio, guerra ou ciência (35, 136) – como se estas atividades oferecessem a rota para a felicidade:

> Divertimento.
>
> Desde a infância os homens são responsabilizados pelo cuidado com sua honra, com seus bens, com seus amigos, e ainda mais dos bens e da honra de seus amigos, nós os oneramos com deveres, com a aprendizagem de línguas e exercícios, e fazemos que entendam que não poderão ser felizes sem que sua saúde, sua

honra, sua fortuna, e as de seus amigos, estejam em bom estado, e que basta faltar apenas uma coisa para que se tornem infelizes.

Pascal, *Pensées*, 139

Mas a realidade é, e os fragmentos de Pascal afirmam, que, longe de contribuir para seu bem, essas atividades apenas envolvem os homens em todo tipo de aventuras cansativas, aborrecidas e arriscadas. "Aqui", declara o filósofo, mais desdenhoso do que nunca, "está uma forma ímpar de fazer os homens felizes: qual melhor meio poderia alguém imaginar de fazer os homens infelizes?" (139).

"O POVO NÃO É TÃO VÃO QUANTO SE DIZ"

Vimos que os primeiros maços das *Pensées* contêm uma discussão acerca da efemeridade do povo que estava inteiramente em concordância com o desprezo compartilhado pelos céticos e estoicos com relação ao vulgo.

> Portanto, demonstramos, em seguida, como o homem é vão pela estima que devota a coisas que não são em absoluto essenciais. E todas essas opiniões foram refutadas.
>
> Pascal, *Pensées*, 93

É o que declara um fragmento, resumindo o fundamento comum que Pascal havia demarcado juntamente com seu interlocutor filosófico. Mas se adota o marco dos filósofos, o faz apenas momentaneamente. Em concordância com o método dialético pascaliano de "pró e contra", os maços seguintes viram a mesa sobre os sábios de estilo autocentrado e passam a refutar as opiniões dos filósofos por meio da defesa do caráter razoável do comportamento do povo.

Entretanto, antes de nos ocuparmos do detalhe, algo é necessário ser dito acerca da forma geral dessa defesa do povo, pois um estudo detido dos fragmentos pascalianos devotados às "opiniões razoáveis do povo" (na realidade, um número razoável de fragmentos tem este título ou um outro similar) revela que Pascal oferece dois tipos distintos de justificação para a "efemeridade" do povo. Em primeiro lugar, ele frequentemente apresenta semelhante conduta vã como que determinada por forças sobre-humanas, sobre as quais "o vão" não tem qualquer controle. Em segundo lugar, Pascal frequentemente defende tal conduta como o efeito de uma escolha racional ou, no mínimo, exteriormente em conformidade com uma escolha que uma pessoa racional faria. Além disso, na maioria das vezes, a defesa pascaliana do povo tende a oferecer não somente um ou outro desses tipos de justificação, mas ambos. É provável que na visão de Pascal os homens frequentemente não tenham outra escolha senão se submeter a certos princípios, no entanto, a maneira pela qual se dá esta submissão pode ser mais ou menos razoável. E se é típico das pessoas que, quando têm de se submeter a forças além de seu controle, o fazem da maneira mais racional possível, é característico dos filósofos falhar em reconhecer tanto a necessidade quanto o componente racional na ação do *commun des hommes.*[25]

Um importante exemplo da aplicação combinada desses dois elementos de justificação é dado pela análise pascaliana do comportamento de risco. Na realidade, esta análise pode ser reconhecida como oferecendo um modelo que estrutura o tratamento pascaliano da justiça e da felicidade nos seus maços iniciais. Filósofos e moralistas tradicionalmente achavam todo negócio de correr riscos – especialmente, mas não unicamente, nos jogos de azar – intrinsecamente paradoxal senão positivamente vão. Dois exemplos ajudam a ilustrar. Em um fragmento sobre a natureza do risco, Pascal observa: "Santo Agostinho viu que nós nos lançamos ao incerto no mar, na batalha etc. – mas ele não viu a regra de probabilidades que demonstra que devemos fazê-lo" (577). Essa sentença um tanto críptica se refere à observação de Santo Agostinho acerca do fato de que os homens são vãos o bastante para pôr em risco as coisas que já possuem a fim de buscar coisas que talvez jamais venham a conseguir; mercadores e soldados, por exemplo, por livre vontade arriscaram o bem-estar e, na realidade, suas vidas, na esperança incerta de uma riqueza ou gló-

25 No original francês: "o comum dos homens". (N. T.)

ria maiores. Em outro fragmento, o libertino de mente filosófica baseava sua objeção àqueles que se devotavam a Deus no fato de que tal devoção envolve um risco, pois a existência de Deus é incerta. Vemos que os fragmentos de Pascal invocam esses dois exemplos de comportamento de risco, oferecendo o esboço de uma justificação pela referência aos dois tipos de explicação identificados acima.

Em primeiro lugar e de acordo com o primeiro tipo de explicação dado acima, Pascal argumentava que é um fato bruto e irresistível sobre a existência humana que, não importa o que façam, os homens são compelidos a correr riscos. Agostinho (aqui surpreendentemente representando não o maior dos Pais da Igreja, mas um crítico filósofo da efemeridade popular) ridicularizava o soldado e o mercador por arriscarem suas vidas e propriedade como se eles tivessem alguma escolha no que se refere a esse assunto, mas ele estava errado se pensava que uma vida passada em casa seria uma vida livre de riscos. Não há, Pascal afirmava, qualquer lei ou princípio nesta vida que sejam absolutamente certos e, portanto, nenhum esforço com sucesso garantido:

> Quando vemos um mesmo efeito se repetir, concluímos disso uma necessidade natural, como o amanhecer amanhã etc., mas frequentemente a natureza nos mente e não se submete às suas próprias leis.
>
> Pascal, *Pensées*, 660

E se nada é completamente previsível – se "não é certo que veremos o amanhã" (577) –, não há fundamento para criticarmos o soldado e o mercador somente porque escolhem correr riscos. Algo semelhante se passa com a crença religiosa. A crítica do não crente ao teísmo também tendia a assumir que havia uma opinião livre de riscos, argumentando que deveríamos abrir mão de apostar na existência ou não existência de Deus, já que nenhuma das duas é certa: "Não se aposta acerca do que é certo" (418). Respondendo, Pascal afirmava que este agnosticismo do "nenhum risco" não era uma opção. Esse era o tema que desenvolveria na sua famosa "aposta", um longo fragmento fora da classificação no qual Pascal procurava aplicar a teoria das probabilidades à questão da crença em Deus (418). Deus não ofereceria salvação para aqueles que recusariam se comprometer com sua existência; ou se apostava na existência de Deus ou se apostava contra: "deve-se apostar. Não é uma questão de vontade, já se está comprometido" (418).

Os filósofos são profundamente alheios à realidade: os homens têm de correr riscos. Não obstante, exercitam alguma escolha acerca de qual risco correr. Um dos feitos de Pascal como matemático foi precisamente demonstrar que o jogo de azar e o correr riscos em geral poderiam receber uma base científica – na realidade, uma ciência das probabilidades que viabilizava uma avaliação racional do risco. Especialmente contra as intuições dos filósofos, frequentemente valeria mais apostar em uma certeza menor do que em uma maior, no mínimo, quando os ganhos possíveis da primeira são suficientemente altos. No que se refere ao povo, essa lei de probabilidades sugere que muito frequentemente sua conduta é, seguindo o segundo tipo de justificação referido acima, perfeitamente racional. Quando Santo Agostinho apontava o modo como homens embarcavam em empreendimentos incertos, a natureza precisa de sua crítica não era completamente clara. Talvez ele quisesse dizer que é sempre vão arriscar o certo pelo incerto; Pascal responde que não temos escolha nesse caso. Talvez ele quisesse questionar se seriam razoáveis aqueles riscos específicos enfrentados pelos mercadores e soldados que, quando confrontados com a escolha, abrem mão do risco de permanecer em casa pelos maiores perigos do mar ou da guerra. Para isso, Pascal responde que é frequentemente mais racional apostar na menos provável das opções, ao menos, quando os benefícios potenciais forem grandes o suficiente: "Quando trabalhamos para o amanhã e arriscamos, estamos nos comportando de forma razoável, pois deveríamos arriscar segundo a regra das probabilidades já demonstrada" (577).

Da mesma forma, o não crente começa por afirmar a absoluta irracionalidade de apostar na existência de Deus e, então, uma vez demonstrada a irresistível necessidade da aposta, duvida da racionalidade de apostar na existência de Deus – a existência de Deus é muito incerta e o gozo de uma vida mundana é razoavelmente certo. Novamente empregando as regras de probabilidades, Pascal argumenta, de modo já famoso, que apostar em Deus é realmente racional: "Isso é conclusivo e se os homens são capazes de alguma verdade, é essa" (418).

O ELOGIO DA JUSTIÇA HUMANA

De volta à defesa pascaliana das pessoas comuns, é necessário acentuar desde o início que Pascal jamais repudia a análise filosófica do caráter das leis dos homens. O povo, sim, como afirmam os filósofos, confunde as leis arbitrárias e mundanas que o governam com os ditados da justiça essencial, e falsamente acreditavam que os líderes estabelecidos eram naturalmente superiores às pessoas que governavam. Todavia, o quinto maço de Pascal (ao qual originalmente ele deu o título de "Sanidade das Opiniões do Povo" antes de mudar para "Razões dos Efeitos") seguramente procura, muito em acordo com o modelo de justificação que acabamos de delinear, lançar dúvida sobre o papel que os filósofos atribuíam à opinião na motivação da obediência da multidão. Pelo contrário, muitos fragmentos argumentam que aquilo que os sábios pensavam poder ser explicado por uma operação errada da imaginação popular era, na realidade, explicado pela força. Portanto, os filósofos ensaiam o velho dito popular desgastado que afirma, como dizia Píndaro: "O hábito é o rei e o imperador do mundo". Entretanto, Pascal insiste em acrescentar: "A opinião é a rainha do mundo, mas a força é o tirano" (665). Ou simplesmente discorda: "É o poder que governa o mundo, não a opinião" (554).

Ao argumentar, desta forma, que os filósofos haviam confundido hábito e opinião com coerção, Pascal parece ter várias questões em mente. Assim sendo, um fragmento sobre o desenvolvimento das relações políticas sugere que a força era historicamente anterior à opinião:

> Imaginemos, portanto, que nós começamos a vê-las (as relações políticas[26]) se formarem. É evidente que elas se baterão até que a mais forte oprimirá a mais frágil, enfim, haverá um partido dominante. Mas uma vez que isso estiver determinado, os mestres que não quiserem que a guerra continue ordenarão que a força, que está entre suas mãos, se sucederá como quiserem: uns irão submetê-la às eleições populares, outros, à sucessão pelo nascimento etc.
>
> E é aí que a imaginação começa a desempenhar seu papel. Até lá, a pura força atuou. Aqui, é a força que se mantém ligada pela imaginação a um certo partido: na França, aos nobres; na Suíça, aos comuns etc.
>
> Pascal, *Pensées*, 828

Todavia, a questão principal em Pascal parece ter sido que, mesmo depois que a força estabeleceu a opinião, esta continua a se sustentar pela força. Os filósofos estavam certos em relação a uma questão: era a opinião – as visões da multidão – que tendia a prevalecer no mundo. Mas ela prevalecia somente porque a multidão era, em virtude do seu número, a mais forte:

> Força.
>
> Por que seguimos a maioria? É por que eles são mais certos? Não, porque eles são mais fortes.
>
> Pascal, *Pensées*, 711

26 O autor acrescentou "relações políticas" ao fragmento 828; no original pascaliano lê-se: "as cordas que ligam o respeito de uns em relação aos outros, em geral, são cordas de necessidade" (828). Esse trecho é imediatamente anterior ao utilizado pelo autor; assim sendo, ele supõe, não sem consistência, que pode deduzir que estas "cordas de respeito entre os homens" – e que, na sequência deste parágrafo anterior ao utilizado pelo autor, Pascal fará menção a "hierarquias de poder" – podem ser compreendidas como "relações políticas" e, passando de um parágrafo ao outro, toma "aquilo que nós começamos a ver se formar" como estas "cordas de poder". (N. T.)

Em última análise, portanto, as visões da multidão são unicamente o meio; é a força que domina o mundo:

> É a força que faz a opinião. A indolência é bela segundo nossa opinião. Por quê? Porque quem quiser dançar sobre a corda estará só, e eu posso juntar um grupo mais forte de pessoas para dizer que não há nada de belo nisso.
>
> Pascal, *Pensées*, 554

Os filósofos insistiam que a opinião governa o mundo, mas, como vimos, também ridicularizavam a importância que o mundo associava aos acessórios de vestuário da autoridade. Ao se manter na defesa do povo, Pascal também desafiou esse paliativo demasiadamente familiar. Uma vez mais, o "sábio" fracassou em ver que, assim como as leis são manifestações não da opinião, mas do poder expresso na opinião, também uma aparência suntuosa é manifestação de poder. Montaigne havia tomado como testemunho da efemeridade humana que o povo crê que um homem vestido com roupas finas ou atendido por um grande séquito deveria ter um respeito especial. E, ao criticar o povo, o próprio Pascal pretendia apoiar essa visão. Como ele coloca em um fragmento hermético no maço "Efêmero": "Ele tem quatro lacaios" (19). Entretanto, dois fragmentos no quinto maço colocam o outro lado do argumento:

> Opiniões sãs do povo.
>
> Ser elegante não é tão vão, pois é mostrar que muitas pessoas trabalham para você. Seu cabelo mostra que você tem um serviçal, um perfumista etc., uma gravata de toga, fio, tranças etc. Não é simplesmente um espetáculo superficial ou mero equipamento ter vários braços para seu serviço.
>
> Pascal, *Pensées*, 95

E:

> Razões dos efeitos.
>
> Isto é admirável: não querem que eu honre um homem vestido de brocado e acompanhado de sete ou oito lacaios. E como? Se eu não o saudasse, mandava-me bater. Esse hábito é uma força. É o mesmo com um cavalo arreado em relação a outro. É engraçado que Montaigne não veja a diferença que há e, admirando-se que se ache alguma, pergunta a razão, o porquê.
>
> Pascal, *Pensées*, 89

A defesa pascaliana da obediência da multidão é admiravelmente elementar: o povo não pode ser considerado culpado por respeitar hábitos adquiridos e acessórios que indicam autoridade no vestuário porque estes incorporam o poder político, e o poder político necessariamente não pode ser desobedecido.

> Justiça, força.
>
> É justo que o que é justo seja seguido; é necessário que o que é mais forte seja seguido.
>
> Pascal, *Pensées*, 103

> Os laços que asseguram o respeito mútuo entre os homens são geralmente cordas de *necessidade* (828). (Ênfase acrescentada).
>
> Pascal, *Pensées*, 828

Todavia, seguindo o modelo de análise dos riscos dado por Pascal, seus fragmentos não insistem na necessidade de obediência apenas dessa forma. Também sugerem que ainda que sejamos forçados a obedecer o poder político, há, não obstante, meios mais ou menos razoáveis de nos conduzirmos diante da necessidade. O povo, por exemplo, em vez de tentar transformar a ordem política, tende a cooperar com ela, livremente aceitando o lugar que lhe foi dado pela loteria do nascimento. Mais ainda, o faz a partir da crença na justiça essencial da ordem. Pascal, então, procura justificar essa conduta e defender essa crença.

Ainda uma vez, a defesa pascaliana da obediência voluntária do povo começa por reafirmar o fato de que as leis humanas não têm qualquer relação essencial com a justiça pura e, pelo contrário, representam hábitos arbitrários, estabelecidos e sustentados pela força. Mas, em seguida, afirma que seria absurdamente fora da realidade supor que poderia ser de outra forma; as pessoas são muito confusas para concordar acerca do que a verdadeira justiça dita – "Este não é o lar da verdade. Ela vaga sem ser reconhecida entre os homens" (840) – e demasiadamente egoístas para respeitá-la, mesmo se pudessem reconhecê-la. Enquanto isso, todavia, as leis do Estado têm uma grande vantagem que os filósofos de grandes mentes não veem: seja qual for a variação no conteúdo, todas elas trabalham para prover princípios distintos de cooperação e uma punição física assegurando que estes princípios sejam respeitados.

> Por que seguimos antigas leis e opiniões? É porque são as mais sãs? Não, mas são únicas e não nos deixam qualquer base para desacordo.
>
> Pascal, *Pensées*, 711

Tocamos aqui no dado principal da teoria política pascaliana: sua intensa desilusão, seu espantoso conservadorismo realista – sua negação da existência de justiça na ordem política simultânea com sua afirmação da legitimidade desta. Mas é importante compreender que o valor das leis dos homens, segundo a análise de Pascal, reside não no mero fato de serem elas já estabelecidas. Uma lei, por exemplo, que prescreveria que o povo deveria obedecer ao mais inteligente ou ao mais virtuoso entre eles, apenas aumentaria o conflito, pois ninguém jamais concordaria acerca de quem seria o mais inteligente ou virtuoso. Entretanto, o belo da ordem política é que ela gira em torno de qualidades físicas, e não espirituais. É verdade que, como vimos, as qualidades físicas às quais as pessoas prestam deferimento – número, séquito, roupas – são frequentemente uma expressão de força; nesse ponto, o povo dificilmente precisa ser perdoado por prestar deferimento a elas. Mas, desde que as respeitem de fato e voluntariamente, essas qualidades físicas têm a grande vantagem de oferecer um conjunto de marcadores identificáveis e incontestáveis nos quais a obediência voluntária pode ser amarrada. "A opinião da maioria é a melhor porque pode ser vista e é forte o suficiente para demandar obediência" mesmo se "é opinião daqueles que são menos inteligentes" (85). Nascimento, também, embora seja um atributo puramente físico, oferece um bom princípio de justiça humana:

> As coisas menos razoáveis do mundo se tornam as mais razoáveis em razão do desregramento do homem. O que há de menos razoável do que escolher para governar um Estado o primeiro filho de uma rainha? Não escolhemos para governar um barco aquele entre os viajantes que seja mais bem-nascido. Esta lei seria ridícula e injusta; mas como os homens são e sempre serão como são, ela se torna razoável e justa, pois quem escolheríamos? O mais virtuoso e o mais hábil? Isso nos faria, prontamente, cada um pretender ser o mais virtuoso e o mais hábil. Associemos, portanto, essa qualidade a algo de incontestável. É o primogênito do rei; isto é claro, não há qualquer discussão. A razão não pode fazer melhor, pois a guerra civil é o pior dos males.
>
> Pascal, *Pensées*, 977

Pascal queria que se soubesse que teria sido melhor se o povo pudesse admitir que as leis pelas quais viviam não eram essencialmente justas – se pudessem ser convencidos a respeitá-las, assim como ele mesmo as respeitava ao mesmo tempo que reconhecia suas arbitrariedades. Mas, como uma variedade de fragmentos sugere, até mesmo isso era uma absurda esperança idealizada. O fato era que as pessoas, seja por orgulho ou alguma bondade residual nelas, queriam ser governadas pela verdade e equidade, e simplesmente se revoltariam se pensassem que eram súditos de um regime arbitrário. Essa é a razão de Pascal insistir, partindo da antiga defesa platônica da "mentira piedosa", que o povo deve ser sustentado nos seus delírios, encorajado em suas fantasias.

> Devem-se ter motivos profundos e julgar tudo segundo estes, mas seguir falando como uma pessoa comum.
>
> Pascal, *Pensées*, 91

Montaigne era um filósofo que acreditava, ao menos segundo a interpretação de Pascal, que o povo poderia ouvir a verdade acerca da ordem política e que, ainda, se poderia confiar no respeito que teria por essa ordem. Todavia, Pascal insistia que

> Montaigne está errado ...
>
> Seria, portanto, bom que se obedecesse às leis e aos costumes porque são leis ... que não há nenhuma lei verdadeira e justa a ser descoberta, que não sabemos nada a respeito disso e que, portanto, se faz necessário somente seguir as já recebidas. Dessa forma, nós não deveríamos jamais desistir delas. Mas o povo não é suscetível a essa doutrina e assim, como crê que a verdade pode ser encontrada e que ela está nas leis e nos costumes, ele crê neles e toma sua antiguidade como uma prova de sua verdade (e não somente como prova de sua autoridade sem verdade). Assim ele obedece a elas mas está sujeito a se revoltar desde que revelemos que essas leis não valem nada, o que pode ocorrer com todas, desde que as olhemos de um certo modo.
>
> Pascal, *Pensées*, 525

Na realidade, uma das razões por que Pascal era tão contrário aos filósofos era que ele achava que, ao insistirem tanto sobre a efemeridade das leis estabelecidas, eles facilmente provocavam revoltas.

> A arte da subversão e da revolução, de sacudir os Estados, é estremecer os costumes estabelecidos, sondando-os até as origens para mostrar sua falta de autoridade e justiça. Devemos, é dito por aí, recorrer às leis fundamentais e primitivas do Estado que um costume injusto aboliu. É um modo certo de tudo perder; nada será justo se pesado a partir dessa balança. Entretanto, o povo facilmente empresta seus ouvidos a esses discursos, revolta-se assim que os reconhecem, e os grandes tiram proveito de sua ruína ... A verdade acerca da usurpação não precisa ser trazida à luz, ela foi introduzida, em outra época, sem razão e se tornou razoável. É necessário que a façamos ser olhada como autêntica, eterna, e esconder sua origem, se não quisermos vê-la brevemente destruída.
>
> Pascal, *Pensées*, 60

Fragmentos como esse – e, ainda mais, uma série de anotações herméticas no quinto maço, no qual Pascal reforça a prática mundana de "justificar a força" ou de fazer que a força pareça justiça (81, 85, 193) – claramente capturam um importante aspecto do conservadorismo de Pascal: sua convicção de que o poder político é fundado na força e que, para que o povo seja levado à cooperação, esse processo de fundação deve ser escondido de sua visão. Todavia, seria perder de vista uma importante dimensão do argumento pascaliano sugerir que a realização da efemeridade humana seria simplesmente reconciliar os homens com a força. Pelo contrário, embora Pascal sempre insista que, em última análise, a força necessita de obediência, sua defesa da ordem política sempre chama a atenção para o modo pelo qual a ignorância do povo e a efemeridade trabalham juntas para transformar uma ordem coercitiva em um ordem voluntária, pacífica e admiravelmente próspera.

Essa questão será mais bem apreciada se for apresentada em relação ao desenvolvimento da sociedade civil. Como já foi indicado, em um dos fragmentos não classificados, Pascal afirmava que a sociedade foi fundada a partir da força e que o hábito foi introduzido apenas no rastro daquela (828). Antes, foi sugerido que esse argumento representava uma resposta aos sábios e à sua visão de que era o hábito que governava os assuntos humanos. Agora, é necessário percebermos que esse argumento também trabalha a fim de sugerir um contraste entre o antes e o depois da introdução do hábito. Na primeira época, o poder é experimentado como uma instância de exploração, mas, com a introdução do hábito, a facção oprimida e seus mestres chegam a experimentar a relação entre eles como sendo natural; os homens que são semelhantes convencem a si mesmos que portam alguma relação essencial com as posições e grupos dentro dos quais nascem, e são assim levados a desejar colaborar em desigualdade. A obediência extraída na ponta da faca abre espaço para a obediência tornada livre. É verdade que a força não está menos presente em uma ordem baseada em hábitos do que em uma fundada diretamente na força bruta; na realidade, à medida que um regime vai ganhando legitimidade, e assim ganha o apoio da maioria, a força à sua disposição aumenta. Ao mesmo tempo, a grande maioria, que acredita que é súdita da justiça, cessa de experimentar a realidade da força. Se o poder tem de argumentar, seu exercício diminui: "Um império baseado em opinião e imaginação reina por algum tempo, e tal império é gentil e voluntário. O da força reina para sempre", mas é dolorido e cruel (665).

O ELOGIO DO *DIVERTISSEMENT*

Como vimos, o oitavo maço das *Pensées*, cujo título é "Divertissement", contém o esboço de um dossiê acusativo de teor filosófico convencional contra a futilidade da busca popular pela felicidade. Enquanto uma felicidade plena e tranquila, argumentavam os filósofos, é encontrada somente na calma confiança em si mesmo, a maioria das pessoas comuns devota-se à febril busca de prazeres mundanos, frívolos e passageiros.

> O homem é visivelmente feito para pensar. Essa é toda sua dignidade e todo seu mérito; e todo seu dever é pensar como se deve. Ora, a ordem do pensamento é começar por si mesmo, por seu autor e seu fim.
>
> Mas no que pensa o mundo? Jamais nisso, mas em dançar, em tocar o alaúde, em cantar, em escrever versos, em jogar argolinhas etc., e em lutar, em se tornar rei, sem pensar no que é ser rei e no que é ser homem.
>
> Pascal, *Pensées*, 620

Voltando a defesa pascaliana do *divertissement*, vemos que mais uma vez ele aceita a substância do questionamento filosófico. Isso quer dizer que em vez de contestar a análise tradicional do caráter efêmero do comportamento do povo, ele busca chamar atenção para as vantagens que tal comportamento lega. Segundo Pascal, o principal erro dos sábios reside na sua falha em levar em conta a completa miséria da condição humana e, portanto, em perceber a infelicidade e a intranquilidade que uma autorreflexão necessariamente causa. Nossa natureza é vergonhosa, argumentava Pascal, nossa vida tão frágil e passageira, nossos corações tão vazios, resumindo, nossa situação é tão distante de causar inveja que a contemplação que os filósofos advogam só pode provocar um grande número de paixões atormentadoras, as quais Pascal resume no termo *ennui*:[27]

> *Ennui*.
>
> Nada é mais insuportável para o homem do que ficar em pleno repouso, sem paixões, sem ocupações, sem divertimento, sem fazer esforços.
>
> Ele sente, então, seu nada, seu abandono, sua insuficiência, sua dependência, sua impotência, seu vazio.
>
> Imediatamente sairá do fundo de sua alma o tédio,[28] o negrume, a tristeza, a aflição, o despeito, o desespero.
>
> Pascal, *Pensées*, 622

Os sábios, em outras palavras, reclamam que as atividades que o povo busca são triviais e causadoras de divertimento, e que inviabilizam qualquer possibilidade de reflexão; Pascal responde que é esse exatamente o objetivo das pessoas. Antes, vimos que a crítica dos sábios se referia, em especial, à forma ridícula com a qual o povo se devotava a perseguir objetos que não aceitariam se fossem oferecidos. Todavia, Pascal insiste que se os homens preferem os meios aos fins é porque a realização final de um objetivo implica descanso, ao passo que a busca envolve agitação e divertimento. Como Pascal bem o coloca no mais longo fragmento do maço "Divertissement":

> Eis tudo o que os homens conseguiram inventar para se tornarem felizes, e aqueles que fazem filosofia sobre isso e que creem

27 Em francês, no original; para tradução em português da palavra *ennui* ver notas 15 e 23. (N. T.)

28 *Ennui*, no original francês; ver notas 15 e 23. (N. T.)

que as pessoas são bem pouco razoáveis por passarem todo seu dia correndo atrás de uma lebre que não desejariam comprar, não conhecem em nada nossa natureza. A lebre em si não nos salvaria de pensar na morte e nas misérias que nos rodeiam, mas a caça sim.

Pascal, *Pensées*, 136

E assim como se dá com a caça, se dá com os jogos de azar: é o divertimento com o suspense, não o prêmio, que os homens perseguem (136). Como matemático, Pascal demonstrou que era, sob certas condições definidas, racional arriscar. Como moralista – ou antimoralista – defendeu a racionalidade dos jogos de azar como passatempo.

A explicação de Pascal acerca dos horrores da autorreflexão oferece uma nova perspectiva sobre os passatempos populares; o mesmo se passa com relação às vantagens da luta para se atingir a eminência social. Tradicionalmente os filósofos haviam criticado a crença popular de que riqueza e *status* eram coisas desejáveis – estas não aliviam os homens em nada no que se refere às principais aflições da condição humana e implicam todo tipo de cuidados e perigos adicionais. Como Pascal colocou em um fragmento no maço "Efêmero":

> Que uma coisa tão visível como o caráter efêmero do mundo seja tão pouco conhecido, que seja uma coisa estranha e surpreendente dizer que é uma bobagem buscar as grandes coisas, isso é admirável.

Pascal, *Pensées*, 16

Entretanto, vários fragmentos no maço "Divertissement" iluminam o outro lado da questão e apontam para inúmeras oportunidades de diversões frívolas que as altas esferas oferecem:

> Esta é, na realidade, a principal alegria de ser rei, porque as pessoas estão continuamente tentando diverti-lo e procuram para

ele todo tipo de prazer. Um rei é rodeado por pessoas cujo único pensamento é diverti-lo e fazer que ele não pense sobre si mesmo porque, embora seja rei, assim que pensar em si mesmo, cairá em infelicidade.

Pascal, *Pensées*, 136

Isso é tudo em relação à felicidade encontrada em passatempos. Todavia, segundo a explicação de Pascal, as maiores preocupações com as quais os homens se ocupam desempenham um papel semelhante de divertimento. Isso é verdade no que se refere a todos os cuidados e responsabilidades que impomos a nós mesmos, começando da aprendizagem de línguas até a execução de obrigações religiosas (139). Entretanto, do ponto de vista dos sábios, o investimento dos homens na sua posição e ocupação social trazia à luz um avassalador exemplo da efemeridade do povo. Os filósofos, aqui traindo suas origens privilegiadas e livres da labuta diária, sustentavam que as pessoas não deveriam se envolver em nenhum tipo de atividade ou que, ao menos, esta deveria estar subordinada ao cultivo do autoconhecimento e da paz interior, ainda que as pessoas se dedicassem às suas ocupações como se fossem a coisa mais importante do mundo. O detalhista, em sua obsessão com sua própria especialidade, nos dá um exemplo particularmente impressionante (587), mas "a Vaidade[29] está tão firmemente ancorada no coração do homem que um soldado, um criado, um cozinheiro, um malandro se gabarão e esperarão ter admiradores" (627). Pascal, naturalmente, concorda com os filósofos acerca deste ponto essencial:

---

29 V*anité*, no original pascaliano; o termo "vaidade" aqui nos parece mais preciso do que "efemeridade", pois o caráter efêmero geral da natureza humana, segundo Pascal, nesse caso constitui precisamente a busca desenfreada por indicadores de reconhecimento nos outros do nosso próprio valor. O fato de viver em busca de alguém que nos admire é indicador claro de vaidade. Todavia, como pode ser desdobrado a partir do colocado na nota 1, trata-se aqui de uma manifestação específica dentro da efemeridade geral da natureza humana e do mundo.

Sem examinar cada espécie de ocupação, é suficiente colocá-las todas sob o título de divertimento.

Pascal, *Pensées*, 478

Mas sua conclusão é diferente da deles: ao se devotar para os papéis sociais nos quais o acaso os lançou, os homens efetivamente encontram alguma consolação para o seu nada e um escudo para o *ennui*.[30]

Finalmente, como conclusão, pode ser demonstrado que, assim como a identificação dos homens com seus papéis sociais e políticos arbitrariamente divididos opera como uma fuga pelo divertimento que os faz felizes, também, de modo necessariamente oposto, o vício dos homens no *divertissement*[31] os torna sociáveis e, portanto, contribui para a paz e justiça no mundo. Na sua ansiedade para divertirem-se, os homens voluntariamente se submetem aos papéis nos quais o acaso os lançou: suportam o perigoso ônus da liderança, os cansativos deveres da subserviência, os perigos associados à guerra ou a aborrecida labuta doméstica. Dessa forma, a defesa pascaliana da visão de justiça da multidão e sua defesa das opiniões da multidão sobre a felicidade convergem.

Estamos, finalmente, em condição de avaliar completamente os erros que estão no coração da tradição filosófica. Os sábios insistiam que as pessoas comuns eram inteiramente governadas pela concupiscência, e a análise pascaliana aponta para a mesma conclusão, ou mais especificamente, sugere que elas são governadas pela força e pela concupiscência. O erro deles, entretanto, foi terem fracassado em perceber o modo extraordinário pelo qual os homens tinham lançado sua corrupção de volta sobre si mesmos; cupidez e violência, aparentemente os princípios mais antissociais que poderíamos imaginar, na realidade engendram sua própria ordem pacífica e

30 Em francês no original. (N. T.)

31 Em francês no original. (N. T.)

feliz. É a esse feito que Pascal faz alusão quando escreveu em um fragmento:

> Estabelecemos e desenvolvemos a partir da concupiscência admiráveis regras de política, moral e justiça.
>
> Mas, no fundo, neste fundo vil do homem, este *figmentum malum*[32] é apenas encoberto. Não desaparece.
>
> Pascal, *Pensées*, 211

32 Em latim no original francês: "esta substância essencial má". (N. T.)

"UMA REVERSÃO CONSTANTE DO PRÓ AO CONTRA"

Nenhuma formulação simples fará justiça a todo o elogio à efemeridade humana que Pascal pretendia atingir. É claro, todavia, que a defesa pascaliana da conduta popular não representa o fim do seu argumento. Pascal era, sem dúvida, de modo especial, um amante da prática de desqualificação dos filósofos e, portanto, enfatizava o sentido existente na conduta do povo; afinal de contas, sua apologia era endereçada aos leitores de mentes filosóficas e eram estas que ele queria confundir. Ele achava que poderia detectar na tradição filosófica como um todo, até mesmo entre os autodefinidos como "céticos", um orgulhoso intelectualismo – um racionalismo utópico –, o qual ele estava determinado a estremecer e desestabilizar. Mas ele continuava a sustentar que a questão filosófica contra a efemeridade popular era válida e, portanto, em contrapartida, desqualificava o povo:

> Razão dos efeitos.
>
> Reversão constante do pró ao contra.
>
> Mostramos, portanto, que o homem é vão pela estima que devota às coisas que não são em nada essenciais. E todas essas questões foram refutadas.
>
> Mostramos, em seguida, que todas essas opiniões são perfeitamente sãs e que, assim sendo, todas essas efemeridades estando tão bem fundadas, o povo não é tão vão assim como se diz. E assim refutamos a opinião que refutava aquela do povo.
>
> Mas é necessário agora refutar esta última proposição e mostrar que permanece sempre verdadeiro que o povo é vão, ainda que suas opiniões sejam sãs, porque não percebe a verdade onde

ela está e que a colocando onde não está, suas opiniões são sempre falsas e muito malsãs.

Pascal, *Pensées*, 93

Assim sendo, a justaposição das atitudes do "sábio" e do "ignorante" se revela em conformidade com a dialética esboçada acima. Isto é, a análise pascaliana apresenta as atitudes dos sábios e as atitudes do povo como dois erros opostos, como aqueles dos estoicos e dos céticos em relação à natureza humana. Agora, como se dá na questão da oposição entre estoicos e céticos, a questão entre filósofos e o povo trabalha primeiramente e antes de tudo para atingir um efeito negativo: Pascal usa os dois sistemas mundanos de pensamento para minar um ao outro, contribuindo assim para seu retrato da ignorância e miséria humanas – e para o argumento de que o "homem sem fé não pode conhecer nem o bem nem a justiça" (148). Mas a análise pascaliana não tem só esse sentido negativo. Em primeiro lugar, Pascal inesperadamente invoca sua defesa do povo duas vezes no maço "Grandeza" como evidência da nobreza humana:

> Grandeza.
>
> A razão dos efeitos revela a grandeza do homem, por ter tirado da concupiscência uma tal bela ordem.

Pascal, *Pensées*, 106

E:

> Grandeza do homem mesmo em sua concupiscência, por ter sabido dela tirar um sistema de regras admirável e, a partir deste, ter feito uma imagem da caridade.

Pascal, *Pensées*, 118

Os argumentos pascalianos não contribuem apenas, dessa forma, para ambas as partes do seu retrato da enigmática combinação entre baixeza e grandeza que é o homem; também trabalham a fim de levantar um número considerável de questões que, é possível demonstrar, só o cristianismo é capaz de responder. Enquanto avançava a apologia, o leitor aprenderia que a religião cristã poderia explicar a ignorância humana com relação à justiça e sua infelicidade pela referência à Queda; poderia torná-las suportáveis pela apresentação dessas como uma punição justa pelos pecados humanos; e era capaz de oferecer, na comunidade dos salvos, um reino de pura justiça e uma fonte genuína de felicidade duradoura infinitamente superior a qualquer coisa encontrada na terra. Em outras palavras, a defesa pascaliana do povo – sua insistência na sanidade presente no caráter efêmero do comportamento do povo – representa apenas uma curva na longa e tortuosa estrada em direção ao conhecimento e amor de Deus por Jesus Cristo. Todavia, ao longo das curvas, ela se revela extraordinariamente sugestiva.

SOBRE O LIVRO

Coleção: Grandes Filósofos
Formato: 11 x 18 cm
Mancha: 20 x 38,2 paicas
Tipologia: IowanOldSt Bt 9/12
Papel: Pólen 80 g/m² (MIOLO)
Cartão Supremo 250 g/m² (CAPA)
1ª edição: 2001
1ª reimpressão: 2012

EQUIPE DE REALIZAÇÃO

Produção Gráfica
Edson Francisco dos Santos (ASSISTENTE)

Edição de Texto
Nelson Luis Barbosa (ASSISTENTE EDITORIAL)
Solange Scattolini Félix (PREPARAÇÃO DE ORIGINAL)
Ismar Leal e
Carlos Villarruel (REVISÃO)
Casa de Ideias (Atualização Ortográfica)

Editoração Eletrônica
Lourdes Guacira da Silva Simonelli (SUPERVISÃO)
Luís Carlos Gomes e
Casa de Ideias (DIAGRAMAÇÃO)

Impressão e acabamento
psi7 | book7
psi7.com.br book7.com.br

Impressão e acabamento

psi7 | book7

psi7.com.br book7.com.br